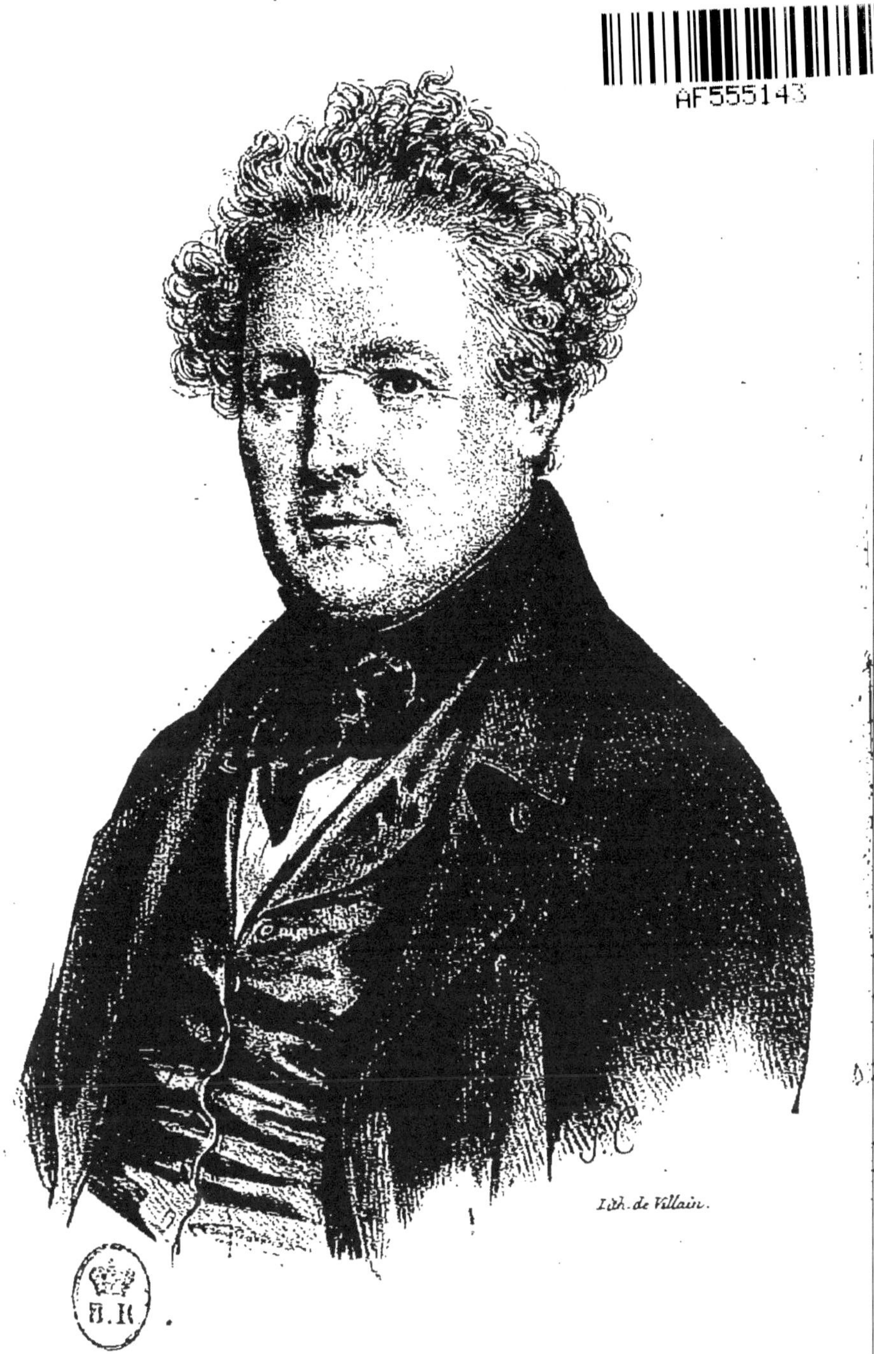
Lith. de Villain.

BRUN,

Sculpteur-Statuaire.

Ancien Pensionnaire à Rome.

J. S. BRUN,

SCULPTEUR STATUAIRE,

Ancien Pensionnaire de Rome.

Saint-Denis, l'Arc de Triomphe de l'Etoile, le Palais de Justice de Rouen.

NOTICE HISTORIQUE.

PAR A. D.

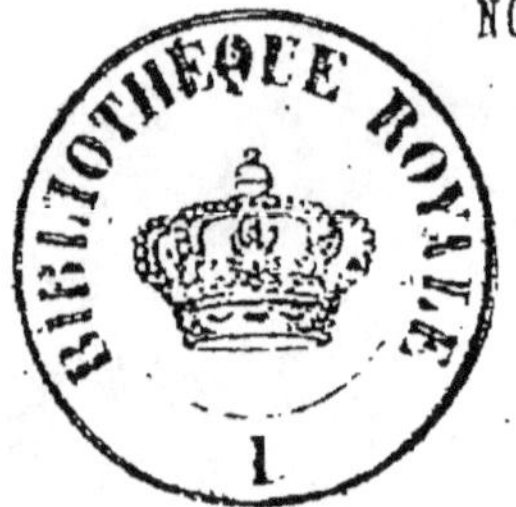

PARIS,

L. HACHETTE, LIBRAIRE DE L'UNIVERSITÉ, RUE PIERRE-SARRAZIN, Nº 12.

EVREUX,

C.-F. CANU, IMPRIMEUR DE LA PRÉFECTURE, RUE CHARTRAINE.

1846.

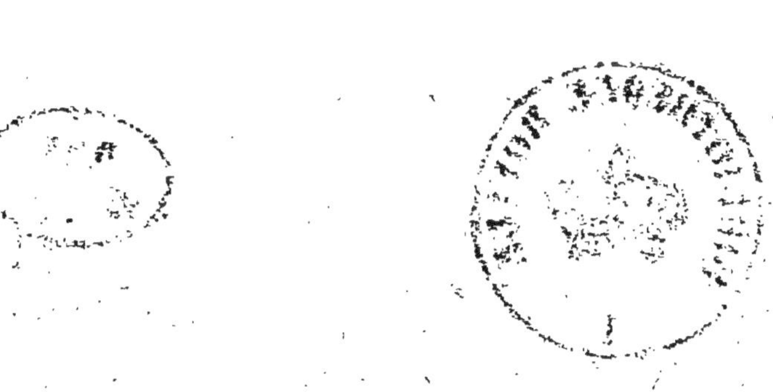

INTRODUCTION.

Un soir que je rêvais suivant ma coutume, marchant au hasard, au moment où, sans but arrêté et sans motif, je quittais une rue pour entrer dans une autre, je sentis une main qui pressait la mienne ; je me retourne, je reconnais un ami. Mon premier mot fut une exclamation de joyeuse surprise, à laquelle succéda un échange rapide de protestations amicales.

J'avais laissé éclater ma joie ; je ne pus dissimuler mes regrets lorsqu'interrogeant mon imagination, je la trouvai vide ; la brusque transition m'avait si vite et si complètement séparé du sujet de ma rêverie, que la pensée qui m'occupait alors fut totalement oubliée.

Eh ! mon Dieu ! me dit le personnage que je viens d'introduire (il devinait mon désappointement à mon air contraint et embarrassé), j'ai quelque idée de la perte que vous venez de faire ; consolez-vous, je suis en mesure de la réparer; je puis vous rendre le bien qui vous est échappé, je remplacerai la fiction détruite par une réalité tant soit peu romanesque: vous cherchiez le sujet d'un roman, je vous fournirai le canevas d'une histoire.

Nous étions alors en face de la place des Carmes, devant l'un des cafés de Rouen les plus renommés; nous y entrâmes, certains de trouver au premier étage un endroit propice à la causerie intime.

Là nous avisâmes en effet, dans l'embrasure d'une fenêtre ouvrant sur la rue, une petite table chargée d'un pot de bière de Louvain; le narrateur occupa le tabouret de velours, et je m'étendis sur la banquette : cette démonstration lui assurait un auditeur bénévole.

Ce que j'entendis alors, je vais essayer de l'écrire pour le lecteur ami des arts. Si mon récit obtient quelque succès, si je parviens à faire éprouver à celui qui me lira le plaisir que j'ai ressenti, j'aurai payé une dette de reconnaissance.

SCULPTEUR STATUAIRE.

Le dernier nom inscrit à la date du 31 décembre 1792, sur le registre des baptêmes de la paroisse de Saint-Etienne-du-Mont, fut celui de JOSEPH-SILVESTRE BRUN.

Le lendemain le peuple, entrant dans l'exercice de sa pleine autorité, transféra de la sacristie à la maison commune les tables de l'état civil des citoyens.

Ce jour-là le pouvoir théocratique perdit le plus précieux de ses priviléges, le plus beau de ses apanages, celui qui consacrait le principe de la toute-puissance du clergé, le droit exclusif de marquer du sceau de l'église les trois phases capitales de la vie humaine : la naissance, le mariage et la mort.

Il était juste que l'homme qui devait si bien comprendre le génie de la sculpture religieuse ; que l'artiste qui a conservé, dans leur plus pure et leur plus suave expression, les traditions des époques les plus glorieuses, appartînt par quelque lien à l'église.

Joseph Brun, né à Paris, rue des Fossés-Saint-Victor, dans une maison qui portait le n° 13, ne connut ni les joies de l'enfance, ni les douceurs de ces jours exempts de peines et de soucis si vantés par les poètes (1). Son père, originaire de Dôle, était marbrier sculpteur. Les premiers pas de l'enfant heurtèrent contre des écueils. Les temps étaient bien difficiles alors ; il entra dans le monde

(1) *Optima quæque dies miseris mortalibus ævi*
Prima fugit.

VIRGILE, *Géorgiques.*

par la porte d'ébène : le deuil et la misère, cortège inséparable de la vie, avaient visité sa famille et pris place au foyer paternel.

Joseph Brun touchait à peine à cette période que l'on est convenu d'appeler l'âge de raison, lorsqu'il vit périr sa sœur, la joie d'une tendre mère et l'ornement de sa maison. A cette même époque où son frère était, comme lui, atteint de la petite-vérole, son père expiait en prison le tort d'avoir eu pitié d'une grande infortune.

M. Brun père, officier de la garde nationale, étant de service sur la place de la Révolution lors de l'exécution de Louis XVI, avait détourné les yeux de l'échafaud, il n'avait pas voulu voir tomber la tête du fils de Saint Louis. Ce fait fut observé, un misérable dénonça au comité de salut public l'officier de la milice citoyenne.

La chûte de Robespierre ouvrit la porte de sa prison, il fut rendu à la liberté ; mais la banqueroute publique avait consommé sa ruine, le marbrier sculpteur avait perdu plus de cent cinquante mille francs, son état, sa position : il fallait recommencer sa carrière lorsque le travail manquait. Deux enfants lui restaient, l'un d'une santé chétive, que les soins assidus et dévoués d'une tendre mère défendaient contre la mort. Bientôt le père et les deux enfants eurent à déplorer un plus grand malheur.

Les secousses si diverses, les chagrins et les privations avaient ruiné la santé de l'épouse et de la mère de famille ; Marie-Antoinette Gergois succomba. Joseph Brun avait alors treize ans; l'impression de douleur qu'il ressentit alors fut si poignante, elle en resta si vive dans son souvenir, qu'à quarante ans de distance elle fait encore couler ses larmes. C'est que l'enfant sentait déjà avec l'âme d'un artiste.

Il avait perdu son guide et son appui; cette mort prématurée lui enlevait ce qui sera toujours le lot le plus précieux de tout héritage: les leçons d'une bonne mère.

Les charges du ménage pesaient de tout leur poids sur le survivant des époux. M. Brun père, privé de toutes ressources, dut prendre le seul parti qui convenait à un homme honnête et courageux; il oublia qu'il avait été chef d'établissement, il se fit ouvrier et travailla, en cette qualité, au Panthéon français, où le salaire qu'il recevait ne suffisait pas pour subvenir aux dépenses du ménage, de l'instruction et de l'entretien de ses deux enfants. L'instituteur, ne recevant pas exactement la rétribution obligée, abandonna son élève ; il fut remplacé par un généreux ecclésiastique qui avait su apprécier les heureuses dispositions du jeune Brun, M. de Saint-Julien s'offrit à lui donner gratuitement des leçons. Malheureusement il ne lui fut pas possible de profiter de cette bonne fortune, les travaux de l'atelier absorbaient déjà tout son temps, le jeune homme dut renoncer à devenir un savant en grec et en latin. Mais, doué de cette intelligence innée que développent naturellement les relations de la vie, il sut acquérir, plus tard, les connaissances qui lui étaient nécessaires pour occuper convenablement la place que son beau talent devait conquérir.

La fortune, qui avait traité sévèrement l'enfant, accueillit avec plus de faveur le jeune homme : Joseph Brun, en entrant dans cette seconde période de la vie humaine, surprit le premier sourire de cet être de raison capricieux, dont les anciens avaient fait une déesse. A cette époque, le père de notre jeune artiste fit la connaissance de M. Lange, sculpteur, désigné pour restaurer les statues du Musée; le père et le fils furent chargés du nettoyage et de la réparation des figures du palais et du parc de Saint-Cloud : le prix de leurs journées réunies s'élevait à neuf francs.

Cette épreuve fut décisive; M. Lange, directeur et surveillant des travaux, avait été à portée de reconnaître et d'apprécier les heureuses dispositions du jeune homme : ses réponses aux questions qu'il se plaisait à lui adresser lui révélèrent une connaissance intuitive de l'art, qui décélait le germe d'un véritable talent.

M. Lange, qui lui-même avait obtenu des succès, et dont le témoignage, en conséquence, avait quelque autorité, détermina M. Brun à procurer à son fils les moyens de devenir sculpteur statuaire.

Joseph devint l'élève de M. Matte; il fit sous sa direction des progrès si rapides, qu'à quinze ans il était admis le second aux écoles spéciales de sculpture. Les distinctions scolaires, dont notre jeune sculpteur fut l'objet, attirèrent sur lui l'attention d'un homme de mérite, M. Lemot, statuaire distingué qui, plus tard, a été fait baron de l'empire.

M. Lemot admit Joseph Brun dans ses ateliers et le prit sous sa protection; il le traitait avec une bienveillance toute spéciale, bienveillance que justifiaient d'ailleurs l'aptitude de son nouvel élève et un grand amour du travail, éclairé par une intelligence parfaite de l'art.

A dix-sept ans, une première récompense exalta la jeune ardeur du héros de cette histoire; il reçut une médaille. Ce fut un jour de triomphe pour son père autant que pour lui-même.

L'utilité de ces encouragements ne saurait être contestée; en effet, l'état normal de l'homme, lorsqu'il n'est pas soumis aux lois de la société, est une inaction contemplative; il produit peu alors, et n'admet le travail que comme une dure nécessité de l'existence dont il s'affranchit aussi souvent que possible. Quand il crée ou imite, ses conceptions ne sont que des esquisses incorrectes, parce qu'il ne trouve pas en lui cette raison suffisante d'activité, cette persévérance courageuse, conditions indispensables pour obtenir de grands et précieux résultats.

C'est donc en dehors de la nature qu'il faut chercher le véhicule qui soutient le courage de l'homme dans les grands travaux qu'il entreprend : quelques uns ont dû leurs succès à une violente passion ; d'autres, et c'est le plus grand nombre, à l'ambition, à la soif de l'or ou des honneurs. Joseph Brun, lui, était guidé, soutenu, inspiré par l'amour de la famille, par le respect filial.

Sa mère, à son lit de mort, lui avait fait promettre de se livrer avec ardeur à l'étude ; il accomplissait religieusement cet engagement solennel auquel était attachée l'existence de son père.

Le premier prix obtenu fut, pour notre jeune sculpteur, une recommandation puissante auprès des hommes de l'art. La glace était rompue, l'artiste apparaissait ; un nom nouveau attirait l'attention publique et la confiance des maîtres.

Les preuves faites, le travail ne pouvait plus

manquer. En effet, les commandes arrivèrent; il fut employé d'abord par des fabricants de bronze.

Un jour, il vit entrer chez lui l'une des célébrités de l'époque, un homme qui marchait l'égal des Grétry, des Mehul, des Spontini, l'illustre Gardel, maître des ballets de l'Opéra.

Le demi-dieu de l'Olympe parisien songeait à l'avenir; il avait la prétention de passer de sa personne à la postérité avec son bagage chorégraphique, et, dans ce but, il venait commander une statue.

L'artiste fit sortir, d'une matière inerte, le buste parfaitement ressemblant de l'heureux maître des ballets. Ce premier succès lui valut plusieurs commandes; dès-lors, il put s'abandonner aux plus douces espérances; rêver la fortune et la gloire.

Hélas! ce beau rêve allait trop tôt être interrompu par une réalité fâcheuse; le moment approchait, pour Joseph Brun, de payer à la patrie le premier tribut du citoyen; il se voyait à la veille de prendre bien malgré lui une part active aux opérations glorieuses de la grande armée; j'ai dit, malgré lui, parce que le laurier, dont il désirait voir couronner son front, n'était pas le laurier de la victoire. La Rome qu'il entrevoyait dans ses rêves de gloire n'était pas la maîtresse du monde, mais la reine des beaux-arts : au Capitole il préférait Saint-Pierre ; avant César il plaçait Michel Ange. Joseph Brun enfin se sentait peu de goût pour les armes, et convaincu qu'il ne pouvait être qu'un mauvais soldat, il cherchait les moyens d'échapper à cette espèce de réseau qu'annuellement chaque préfet, à l'aide du général, tendait sur son département, pour capturer les plus vigoureux produits de la génération.

Les moyens qu'il se proposait de faire valoir étaient de deux sortes : tirer parti de l'exiguité de sa taille, et surtout ne pas grandir avant l'époque fatale ; obtenir un grand prix, afin d'avoir droit à l'exemption.

Le premier de ces moyens était placé en dehors de son pouvoir comme de toute puissance humaine ; le second rentrait dans ses goûts, ses habitudes de travail : cette tentative, pour tout dire en un mot, était conforme à sa vocation.

Lorsqu'il se fut bien pénétré de cette pensée,

il lui parut d'abord plus facile de faire ses preuves en gravure qu'en sculpture.

Il consulta, à ce sujet, l'homme qui n'avait cessé de lui donner des marques d'un intérêt tout paternel ; et M. le baron Lemot vint encore, en cette circonstance, à son secours ; le baron obtint pour lui, de M. le comte Montalivet, alors ministre de l'intérieur, une indemnité de 400 francs à titre d'encouragement: cette somme était destinée à l'achat des ustensiles nécessaires pour réaliser son projet et pour faciliter son exécution. En outre, M. Lemot crut devoir le placer sous la direction de M. Jeuffroy, membre de l'Institut, auquel il le recommanda comme un élève en sculpture dont les heureuses dispositions donnaient les plus belles espérances.

Etrange bizarrerie du cœur humain, cet éloge, ce témoignage bienveillant, furent précisément la cause du peu d'empressement que mit M. Jeuffroy à seconder les vues de son collègue M. le baron Lemot. Joseph Brun comprit qu'il ne devrait qu'à lui-même, qu'à ses propres études, le degré de perfectibilité qu'il voulait acquérir. S'arrêtant donc à une résolution courageuse, il achète les outils qui lui étaient nécessaires, s'enferme dans une petite chambre d'une maison située rue Dauphine; et là, ne prenant conseil que de cet instinct du beau qui était en lui, il travaillera pendant deux mois sans relâche, afin de se préparer au concours. Un plein succès couronne ses efforts ; la réussite fut tellement complète, que les essais d'apprenti graveur étonnèrent le membre de l'Institut. Dès-lors à la froideur succéda l'empressement, le savant se déclara franchement et loyalement protecteur de l'élève studieux. Par son influence Joseph Brun fut admis au concours d'essais, et par suite désigné le premier à mettre au grand prix.

Cependant le temps, dont la marche ne peut être ralentie par aucune combinaison humaine, avait marqué à son passage l'heure fatale de la conscription, bien avant le jour fixé pour la composition. Il fallut plonger la main dans le sac, en retirer un billet. Hélas ! à cette époque de glorieuse et pénible mémoire, la loterie du recrutement ne présentait guère de chances heureuses; Joseph Brun devait nécessairement prendre un numéro perdant, et pour comble de malheur, lorsqu'il fut placé sous la toise, il s'aperçut que sa taille était augmentée de trois centimètres, précisément de la hauteur qui lui manquait pour devenir un héros. Notre artiste fut donc déclaré propre au service, l'ordre du départ ne se fit pas attendre.

A quel saint adresser ses vœux ? notre jeune sculpteur l'ignorait. Enfin, en désespoir de cause, il présenta une requête au directeur de la conscription lui-même, afin d'obtenir un sursis. Un mois lui fut accordé, pendant lequel il dut aviser.

M. Brun père se souvint alors qu'en 1789 il comptait au nombre de ses amis un brave militaire, parvenu depuis à un grade élevé. Quoiqu'il ait, depuis cette époque, perdu de vue le général Hulin, il n'en résolut pas moins de faire un appel à leur vieille amitié ; mais avant de ne rien tenter, il jugea prudent de prendre des renseignements sur la situation d'esprit, les habitudes et le caractère de son ancien ami.

Il l'avait connu, il est vrai, bon, d'humeur facile, dévoué, prêt à rendre service ; mais alors cet ami n'était ni général, ni comte. M. Brun père, qui avait observé les effets ordinaires de la fortune sur le cœur de l'homme, voulait donc, pour savoir à quoi s'en tenir, faire une première démarche auprès d'un parent du général, lequel avait obtenu un emploi à Pierrefitte sur sa recommandation. Les renseignements fournis ne laissèrent aucun doute sur l'accueil qui lui était réservé; il n'hésita pas à aller trouver le général.

L'entrevue eut lieu à la suite d'une revue; M. Brun retrouva dans le comte de l'empire l'ami d'autrefois. « Venez me voir demain avec votre fils, lui dit le » gouverneur de Paris, nous causerons de ce qui » vous intéresse. »

Cette conférence eut une grande influence sur l'avenir de notre jeune sculpteur : le général le fit entrer au 15e régiment d'infanterie, et prit en même temps les dispositions pour qu'il lui fût accordé une série de permissions de travailleur. Joseph Brun, ayant su les mettre à profit, obtint, en 1812, un second grand prix, dont son congé définitif fut la conséquence.

En ce monde il n'est pas de félicité complète; le bien que l'on obtient, même lorsqu'il est supérieur à celui que nos vœux ont appelé, est toujours suivi d'un regret. En acceptant l'honorable distinction qui lui valait l'exemption du service militaire, notre sculpteur avait la conviction qu'il ne recevait pas cependant tout ce qui lui était dû. En effet, la commission de l'Institut avait demandé davantage, en le désignant pour le premier prix; mais son professeur, sous prétexte de bienveillance, était intervenu auprès du corps savant. Il plaidait, disait-il, la cause de l'art; il était de l'intérêt de M. Brun qu'il ne fût pas enlevé à ses études. Son opinion prévalut sur celle du baron Lemot, qui n'était dupe ni de l'artifice ni du sentiment qui l'avaient inspirée. Quoi qu'il en soit, n'être pas soldat et continuer sa carrière d'artiste était un grand bonheur auquel Joseph Brun fut très-sensible; et, dans le premier mouvement de sa reconnaissance, il s'empressa de faire hommage au général comte Hulin de sa pierre gravée, le seul bien qu'il possédait alors. Le général le reçut et le complimenta avec son affabilité habituelle. « A Rome » maintenant, mon jeune ami, lui dit-il, la route » vous est ouverte, et lorsqu'au retour vous serez » présenté à l'empereur, S. M. ne m'accusera pas » sans doute, ajouta-t-il en riant, de lui avoir dé- » robé un grenadier. »

Le régiment regarda comme une bonne fortune le

succès du soldat : le colonel en était fier ; il voulait qu'il fût publiquement constaté, et par-devant l'Institut, que le 15e de ligne avait bien mérité des arts. Il donna l'ordre au lauréat d'aller recevoir sa couronne en costume de fantassin. Ce brave colonel retint aussi long-temps que possible Joseph Brun ; le sculpteur dut attendre pendant quatre mois le congé si désiré.

Le voilà désormais maître de sa destinée, libre de suivre sa vocation d'artiste, de se livrer à ses inspirations. Une nouvelle occasion de se faire remarquer allait se présenter ; mais déjà les temps étaient bien changés. Le concours de 1814, dont le sujet était un guerrier grec saisissant ses armes sur l'autel de la patrie, s'ouvrait sous de tristes auspices.

Nous étions à la veille des plus mauvais jours, la France était menacée d'une invasion ; et quand ce malheur arriva, à l'aspect des armées étrangères, le découragement saisit au cœur l'artiste patriote, sa main desséchée fut frappée de stérilité ; avec son énergie il perdit son talent, le prix lui échappa.

Le retour de Napoléon nous releva de cette première halte dans la boue : il rendit à l'héroïque nation, qui avait vaincu le monde, son attitude belliqueuse et fière.

Le peuple l'avait reçu comme un nouveau messie, tenant dans ses mains les destinées du pays ; il avait salué le dieu mortel par une explosion d'acclamations ; l'enthousiasme était si général, qu'il gagna jusqu'au jeune sculpteur, naguère sceptique, insouciant et pressé d'échapper à l'honneur périlleux de défendre sa patrie. Joseph Brun court aux armes, prend un fusil, et se range au nombre des citoyens qui composent les cohortes actives de la garde nationale, soldat non de Napoléon, mais de la liberté, de la liberté qui tient dans son cœur la première place ; après l'amour des arts, il prêche la guerre sainte le sabre au côté.

Cette dernière crise de la grande passion, qui avait élevé si haut le nom français, ne dura que cent jours; une seconde fois les étrangers souillèrent le sol de la patrie, et signalèrent leur présence par d'affreux ravages.

Adieu, débris fameux de Grèce et d'Ausonie,
Et vous, tableaux errants de climats en climats ;

Adieu, Corrége, Albane, immortel Phidias,
Adieu les arts et le génie ! (1)

Joseph Brun qui avait pris les armes pour défendre le sol sacré, qui avait pleuré sur les malheurs de la patrie, dont le cœur avait bondi d'indignation et de honte à l'aspect de nos monuments dévastés et du butin qu'emportaient les barbares, fut dénoncé aux hommes du pouvoir par un professeur patriote très-exalté en 1789, mais alors, en 1815, légitimiste énergumène. Heureusement la voix du dénonciateur n'eut pas d'écho, les autres professeurs restèrent étrangers à cette honteuse intrigue.

Le temps ramena le calme ; déjà deux années s'étaient écoulées lorsque M. le baron Lemot pensa que le moment était venu pour l'artiste de faire une tentative auprès du gouvernement, afin d'obtenir les moyens de continuer ses études. Le baron rédigea lui-même la pétition à présenter à cet effet au ministre de l'intérieur ; la demande fut accueillie favorablement, et Joseph Brun réintégré à l'école, en recevant une poignée de main de son excellent maître, lui

(1) Casimir Delavigne, *Messéniennes.*

entendit prononcer ces mots, le pronostic d'une bonne nouvelle : *A Rome cette année !*

Huit jours après sa rentrée à l'école le jeune sculpteur était admis aux deux concours d'examen. Mais alors il se trouvait dans une position des plus gênées : le chômage avait épuisé toutes ses économies; trop fier pour avouer son dénûment à ses amis, il fut dans la dure nécessité de vendre jusqu'à sa médaille.

Le bien et le mal se succèdent en ce monde souvent avec une rapidité étonnante ; l'homme qui s'est couché malheureux se réveille quelquefois comblé des faveurs de la fortune. Ainsi va le monde au physique comme au moral : la veille la pluie, l'ouragan, l'orage ; le lendemain un ciel d'azur, un soleil éblouissant. Joseph Brun éprouva, plus que tout autre, les bonnes et les mauvaises chances de la fortune. Il avait, nous l'avons dit, épuisé ses ressources ; une circonstance heureuse changea tout à coup sa position. M. Bertaut, ancien architecte de l'impératrice Joséphine, pour lequel il avait exécuté, quelques années auparavant, un Saint-Louis destiné à la pension des dames de la Légion-d'Honneur, lui fit proposer plusieurs travaux au château de Compiègne. Le jeune sculpteur accepte avec empressement, ces travaux lui procurent les ressources qui lui étaient nécessaires, afin de pouvoir se livrer sans préoccupation à l'exécution du travail dont son avenir dépendait.

Cette fois il atteignit le but, le grand prix lui fut décerné.

Vous peindre sa joie, le juste orgueil de son père, la satisfaction de son excellent maître, c'est chose impossible; ces sentiments de bonheur, d'ailleurs, vous les comprenez, quel est l'homme assez malheureux pour ne les avoir pas éprouvés une fois au moins en sa vie.

Les trois mois qui précédèrent son départ pour Rome furent employés à divers travaux de sculpture commandés par mademoiselle D'Estillière, aujourd'hui madame D'Osmont. Il en résulta une amélioration notable de son état financier, amélioration qui lui permit de liquider toutes les avances qui lui avaient été faites, et de laisser à son père en partant une somme de cinq cents francs.

Voilà donc enfin réalisé cet événement si ardemment désiré, notre jeune artiste n'a plus rien à demander ; il verra Rome et les trésors que renferme cette cité dont la gloire est grande comme le monde.

Mais il faut quitter un père chéri et respecté, situation pénible, insupportable même, si elle n'était éclairée par les rayons bienfaisants d'un avenir riche d'espérances. En effet, ce voyage à Rome, ce pèlerinage glorieux n'a pas seulement pour but une récolte de gloire; Joseph Brun va demander aux grands modèles des conseils et des inspirations, et lorsque son talent aura mûri sous le soleil fécond d'Italie, il viendra prendre une place distinguée parmi nos artistes. Alors le public attachera à sa signature une plus grande valeur ; ses ouvrages, mieux payés, sa situation financière deviendra meilleure, et la vieillesse de son père sera à jamais assurée contre les chances de la mauvaise fortune.

En attendant il partagera avec ce bon vieillard les douze cents francs que le gouvernement accorde au pensionnaire de Rome ; il part en rêvant les beaux vers que Casimir Delavigne écrivit plus tard :

Que tes grands noms, que tes exploits,
Tes souvenirs de tous les âges,

Viennent se confondre sans choix
Dans mes regrets et mes hommages!
. . . .

Forum que Cicéron
Remplit encor de sa mémoire !
Ici chaque pierre a son nom,
Ici chaque débris sa gloire.
. . . .

Vallon frais où Numa
Consultait sa nymphe chérie,
J'entends le ruisseau qu'il aima
Murmurer le nom d'Egérie.
. . . .

Cloître désert, sous tes arceaux
Mourut l'amant d'Eléonore.
. . . .

Une fois établi à Rome, Joseph Brun jalonne sa carrière, arrête l'emploi de ses journées, s'impose enfin un plan de conduite dont il ne se départira pas.

Econome par goût et par habitude, il n'admet que le stricte nécessaire et supprime le surplus. Il vit seul, isolé, à la manière de Michel Ange, il travaille tout le jour et la nuit encore ; chaque année il fera deux envois de ses ouvrages : celui-ci consistera en un objet de sculpture, afin de s'assurer une place parmi les statuaires de l'époque ; celui-là sera une pierre, afin de remplir les obligations qu'il a contractées envers le gouvernement.

On lui refuse un atelier ; qu'importe, il saura se procurer l'emplacement nécessaire pour exécuter une statue en marbre qu'il enverra à Paris. L'envoi a lieu, son œuvre le met en renom ; dès lors le directeur de l'école française à Rome, M. Thevenin ne fait plus de difficulté pour lui fournir les moyens d'exécuter, en 1821, sa dernière statue.

Le sujet est Endymion couché et endormi. Le mérite de cette œuvre a été jugé par l'une des plus grandes autorités du temps, Canova fit une visite au jeune pensionnaire et lui exprima le vœu que cette statue soit exécutée en marbre. La demande ne fut pas adressée au gouvernement, nous ne savons par quel motif ; mais une pierre sardoine, gravée en creux d'après cette figure, appartient au ministère de l'intérieur.

Déjà cinq années sont écoulées, le pensionnaire de Rome n'a pas compté avec le temps ; il n'a vu passer ni les jours ni les mois, l'étude avait courbé sa tête. Prêt à retourner dans sa patrie, il rassemble tous ses matériaux, il passe une revue de toutes les connaissances qu'il est allé chercher au foyer des arts, dans la ville immortelle.

Il comprend dans sa récapitulation : le dessin , le modèle en terre , en plâtre, en marbre , l'art d'animer la pierre, le bois, l'acier, la gravure sur pierre fine , en relief , en creux , la ciselure en cuivre, et lorsqu'il s'est bien assuré qu'il emporte dans sa mémoire ce précieux bagage , que son intelligence est saisie des exemples des grands maîtres, il interroge sa bourse, y trouve cinq cents francs. Cette somme, réunie à deux cents francs que lui prête M. Garnaud, architecte, suffira pour parcourir à pied toute l'Italie. Puis il prend son bâton de voyage , embrasse ses camarades , s'incline jusqu'à terre pour saluer la reine des cités. Il quitte Rome au mois d'octobre 1822, et se met en route le sac sur le dos, précédé de son chien.

C'est ainsi que Rousseau aimait à voyager.
L'esprit, quand on est seul, jamais ne se repose;
L'univers est à nous, à son gré l'on dispose
De tout ce que l'on voit : forêt, ruisseau, verger.
Que de rêves charmants ! de châteaux en Espagne !
Un site m'a-t-il plu, là, sera ma campagne ;
J'élève ou je détruis, selon mon bon plaisir.
Sous mon pouvoir tout s'abaisse et tout plie
A peine ai-je le temps de former un désir,
Que mon espérance est remplie.
Partout, sur son passage ainsi le voyageur
Rencontre un objet qui l'enchante ;

A chaque pas sa fortune s'augmente.
Mais quelqu'un parle, adieu tout son bonheur,
L'illusion s'enfuit ; le coteau, la prairie,
N'ont plus ce charme, cet attrait,
Qu'à l'instant même lui prêtait
Sa taciturne rêverie.

Je ne vous décrirai pas les lieux que notre voyageur parcourut, il a visité Naples, le Vésuve, Pompéï, le tombeau de Virgile ; je ne dirai pas les réflexions que firent naître, pendant cet heureux voyage, l'aspect de sites si divers, tantôt gracieux, tantôt arides, mais toujours pleins de magnificence ; je ne rappellerai pas les noms de ces villes que recommandent à l'attention du voyageur tant de grands souvenirs, dont quelques-unes sont si riches en monuments, en trésors artistiques; je ne ferai pas la description des mœurs, des habitudes, des préjugés des populations, toutes choses que notre sculpteur a observées en philosophe autant qu'en artiste.

Après trois mois de pérégrination, il arrive le 22 décembre 1822 sous le toit paternel ; il embrasse son vieux père en déposant dans sa main une somme de 80 francs, c'est le montant de ses épargnes de voyage, dont le chiffre correspond exactement au nombre des années de l'auteur de ses jours.

Sa première visite est pour son ancien maître, M. le baron Lemot; il peut lui exposer sans rougir la pénurie dans laquelle il se trouve, car le baron connaît l'emploi de ses épargnes pendant son séjour à Rome : le baron, par l'intervention de M. de Cailleux, secrétaire des musées, fit acheter, par la société des amis des arts, en 1823, la statue en marbre que Joseph Brun avait exécutée à Rome; le prix qu'il retira de cette vente lui permit de mettre au salon, l'année suivante, la statue de Léda.

Les arts, comme les lettres, ne deviennent pour ceux qui les cultivent un moyen de fortune, une source de prospérités, qu'à la condition de faire passer leurs produits à l'état de marchandise. Les feuilletons, les pièces de théâtre de nos hommes de lettres attestent que ces messieurs ont compris les premiers que la question n'était plus de bien faire, que le beau n'avait en réalité qu'une valeur morale, sans importance, au temps où nous vivons; que le point essentiel était de produire vite et beaucoup. En effet, le plus grand parmi nos hommes du jour est incontestablement celui qui livre le plus grand nombre de volumes au commerce. Mais retenus par le respect humain, ou plus soucieux des intérêts de l'art, les artistes n'ont pas consenti aussi facilement à se faire marchands. Cependant, comme il fallait prendre un parti quelconque pour soutenir cette rivalité de luxe, qui est la grande affaire de la vie moderne, nos artistes, rétrogradant d'un siècle, ont joué l'humble rôle des écrivains d'autrefois; ils se sont transformés en solliciteurs, demandant aide et protection au pouvoir, ou aux heureux de ce monde.

Notre pensionnaire de Rome ne céda pas à la contagion de l'exemple, il était trop fier pour recourir à l'intrigue; sa susceptibilité républicaine se révoltait à l'idée d'aliéner son indépendance, et, comme il fallait vivre, il renonça momentanément aux grands ouvrages et fit des modèles pour les fabricants de bronze. Cependant de loin en loin il lui venait quelques commandes du gouvernement; c'est ainsi qu'il dut encore, à l'active et bienveillante intervention de M. le baron Lemot, d'exécuter, pour la collection numismatique du règne, une médaille sur acier représentant le rétablissement des missions de France; les 3,000 francs qu'il reçut lui fournirent le moyen d'exécuter pour son propre compte une médaille sur la mort de Louis XVIII, il retira 1,000 francs de la vente des épreuves.

Plus tard une statue de l'Espérance divine lui fut commandée par M. de Chabrol, préfet, sur les instances de M. Dupaty. Le statuaire Dupaty était, comme Joseph Brun, élève du baron Lemot; le sentiment d'intimité, qui unissait les deux élèves, avait pris naissance dans leur attachement à leur maître commun.

La statue de l'Espérance, de l'exécution de laquelle Joseph Brun était chargé, était destinée à la chapelle des fonts baptismaux de l'église de Saint-Etienne-du-Mont, dans laquelle l'auteur avait été baptisé. Ce travail lui procura une prime de 500 francs, demandée dans le rapport de M. Cartelier, de l'Institut, professeur de l'école royale et président de la commission de sculpture du département de la Seine.

Joseph Brun commençait à peine à jouir des fruits de son travail, lorsque le malheur vint de nouveau le visiter. Une rapide série d'événements funestes, commençant par la mort de Dupaty, porta le trouble dans ses idées.

Ce jeune sculpteur, déjà célèbre, fut frappé au

milieu de sa brillante carrière ; sa mort excita les plus vifs regrets chez tous les amis des arts : la douleur qu'en ressentit le baron Lemot fut si violente et si profonde qu'elle provoqua la maladie qui le conduisit aux bords de la tombe. A l'attachement particulier que Joseph Brun avait voué à son collègue Dupaty, venaient s'ajouter les inquiétudes qu'excitait l'état du baron Lemot.

A cette même époque, pour la deuxième fois dans l'espace de quatre mois, M. Brun père tomba malade ; la première maladie avait été longue, douloureuse, son fils avait veillé dix-sept nuits à son chevet, il passait le jour dans les ateliers. La maladie, à la suite de laquelle il succomba, fut courte mais violente; le vieillard expira à l'âge de 82 ans, une main amie, celle d'une femme ou plutôt d'un ange, lui ferma les yeux.

M. Brun père était regardé à juste titre comme un ouvrier fort habile, il jouissait d'une réputation méritée, qui lui valut l'estime et la confiance d'hommes, dont le nom fait autorité dans les arts, au nombre desquels nous placerons M. Fontaine, l'ancien architecte de l'Empereur, devenu l'architecte de monseigneur le duc d'Orléans; il confia en cette qualité à M. Brun, pendant le séjour de son fils en Italie, l'exécution du tombeau du duc de Montpensier, frère du prince. M. Brun père était âgé de 78 ans à cette époque, ce fut le dernier travail qu'il exécuta.

Les vertus privées de ce bon vieillard ressortiront plus éloquentes du tendre attachement et du dévoûment de son fils, que de l'éloge que l'on pourrait en faire: quoique sa carrière fût arrivée à son terme le plus éloigné, quoique sa mort dût être prévue depuis long-temps, la douleur et les regrets de son fils ne nous étonneront pas.

Les maladies successives de M. Brun avaient épuisé les ressources de son fils, il fut fort heureux en cette circonstance de pouvoir accepter les offres de deux de ses camarades de Rome, MM. Léon Coignet et Dupré; leur bourse lui fut ouverte; mais bientôt un à-compte de mille francs que le préfet de Paris lui fit toucher, sur le prix de sa statue de l'Espérance, le tira d'embarras.

La dernière épreuve à laquelle la fatalité soumit notre jeune sculpteur devait être plus cruelle, car elle le laissait seul, isolé en ce monde; ce fut la mort du baron Lemot, de l'homme qui lui avait ouvert la glorieuse carrière dans laquelle il devait se faire un nom, de celui qui n'avait cessé de lui donner des preuves d'un attachement tout paternel.

Le baron Lemot, comme le héros de notre histoire, avait été élevé à l'école de l'adversité ; c'était un homme honorable dans toute l'acception du mot, une sorte de patriarche d'honneur et de probité. D'abord artilleur dans les armées de la république, rentré dans la carrière des beaux-arts, il conquit, à force de travail, et son beau talent et sa grande réputation. Il était membre de l'Institut, professeur et membre de la commission du dictionnaire des beaux-arts; il a publié une description remarquable du château de Clisson, qui lui appartenait. Entr'autres ouvrages on lui doit les statues de la liberté, de Solon, de Léonidas, de Murat, Henri IV au Pont-Neuf, la statue équestre de Louis XIV sur la place de Lyon, le beau fronton du Louvre représentant Louis XIV couronné par les neuf muses.

La mort de M. Brun père, qui suivit de près, jeta Joseph Brun dans le plus profond découragement. Il dut heureusement à l'un des événements qui font époque dans la vie, de sortir de cet état de funeste apathie. Le ciel voulut lui donner sans doute, comme une compensation aux pertes qu'il avait éprouvées, une amie, une compagne, cette moitié de soi-même dont la tendresse et le dévouement ont la vertu de guérir les plaies du cœur et de l'ouvrir aux joies de l'existence. L'ange gardien qui a fermé les yeux du vieillard va devenir le bon ange, la compagne inséparable du jeune homme. Mademoiselle Eugénie-Marie Boulard (1) était orpheline comme Joseph Brun, il la demande à son oncle; cet oncle consent à l'union de sa nièce avec l'homme qui apporte, pour garantie de son attachement et de sa bonne conduite, le souvenir de sa piété filiale.

. . . .

Je citerai ici, en raison de l'impression qu'il a laissée dans la mémoire de l'ancien pensionnaire de Rome, un fait auquel je n'attache cependant aucune importance.

(1) Née au Mans, en 1801.

Au moment de son mariage Joseph Brun rêva qu'il était plongé dans un abîme profond : après avoir longtemps lutté et fait des efforts inouïs, il en sortit triomphant, grâce à je ne sais quel secours inattendu qui lui était venu du ciel. Ce songe exalta son imagination d'artiste, et, sans être superstitieux, il accepta tacitement cette péripétie heureuse, que le hasard se chargea de justifier.

En 1824 un concours fut ouvert à l'hôtel des Invalides pour la construction d'une chaire qui devait être ornée de bas-reliefs en bronze. Cette chaire était destinée à la chapelle de l'établissement. Le concours fut suivi d'une adjudication entre artistes d'un mérite réel et reconnu; Joseph Brun tenait la place du sculpteur David, lequel s'était désisté en sa faveur. Il était très-important pour lui d'obtenir l'entreprise ; il crut devoir, dans ce but, porter le rabais à ses dernières limites; il soumissionna donc moyennant 50 p. %, à ce taux il ne pouvait plus rencontrer de concurrents : cependant, d'après ses calculs, et en raison de sa facilité d'exécution, il entrevoyait encore d'assez beaux bénéfices.

Ce fait souleva une effroyable tempête ; les concurrents, désappointés, jetèrent les hauts cris. Les brocards, les quolibets, les reproches sous les formes les plus incisives, les plus acrimonieuses, tombèrent sur le téméraire artiste. C'était un gâte-métier; on mit sa capacité en doute, et l'on parvint à faire partager ce doute, sinon au gouverneur des Invalides, au moins à M. Bartholomé, architecte chargé de la direction des travaux. On exigea des justifications; l'artiste exhiba ses commandes, ses avis de primes, ses rapports de l'Institut, tout ce qui portait témoignage de son aptitude et de son talent. Le comte de Latour-Maubourg comprit alors le but de l'intrigue; sa loyauté militaire se révolta, il fit donner l'ordre de commencer les travaux.

L'artiste ne se laissa pas intimider par les clameurs, il se mit à l'ouvrage avec la conscience de ses forces et de son talent. Lorsque ses modèles furent terminés, il mit ses plâtres au salon; ils obtinrent l'approbation de la commission de surveillance. Lorsque les bronzes furent achevés et mis en place, et que la chaire entière terminée fut en état d'être reçue, il engagea M. le comte de Latour-Maubourg à faire l'examen de son œuvre. Le général, entouré de son état-major, se rendit à la chapelle.

A l'aspect de ce beau travail, le brave militaire se souvint des calomnies dirigées contre l'auteur. « M. Brun, lui dit-il, la république des artistes, » comme la république des gens de lettres, est un » peu celle des loups et des animaux féroces ou » malfaisants ; vous avez donné à vos camarades une » bonne leçon ; puisse-t-elle leur profiter ! Votre » vengeance est celle d'un honnête homme. »

Cette leçon en effet ne fut pas perdue, mais elle n'eut pas le genre de succès que le gouverneur des Invalides avait prévu ; elle servit au contraire à rendre plus vigilants les chers camarades. Ils prirent si bien leurs précautions par la suite, que toutes les issues du pouvoir furent fermées au pauvre artiste, de sorte qu'il dut se borner à faire des modèles de pendules. Dans l'espace de trois années, il exécuta plus de cent sujets qui furent reproduits jusqu'en 1834, et procurèrent ainsi des moyens d'existence à deux cents ouvriers.

Ces modèles, cependant, ne furent pas sa seule occupation pendant les dernières années de la restauration; M. Huyot, architecte de l'Arc de l'Etoile, lui avait fait attribuer, par l'intervention de M. Héricart de

Thury, la quatorzième partie de la grande frise sur la façade de ce monument : ce bas-relief devait représenter M. de Bourmont recevant de la main du roi son bâton de maréchal de France ; le modèle fut payé, mais la révolution de juillet ne permit pas l'exécution du bas-relief.

La crise commerciale et les embarras financiers qui survinrent à cette époque enlevèrent au sculpteur une partie de ses économies. Ajoutez à la suspension des affaires le service de la garde nationale rendu pénible par les émeutes; le malaise général pesait plus particulièrement sur la classe des hommes occupés de travaux dont le prix n'est pas réglé par le cours de la place, mais qui sont appréciés en raison de l'éclat et de l'honneur qu'il en résulte pour le pays. Enfin l'intérêt de l'art était fort compromis lorsque M. Thiers arriva au pouvoir.

L'auteur de l'histoire de la Révolution française, le dialecticien du *Constitutionnel* et du *National*, l'enthousiaste ami des beaux-arts, n'avait pas encore complètement subi la métamorphose qui devait en faire un homme exclusivement politique: les questions de cette nature, quelle que fût leur gravité, en ces temps difficiles, ne pouvaient encore faire oublier à M. Thiers les questions d'art ; l'une de ces premières dispositions qu'il prit, lors de son investiture du pouvoir, eut pour but l'achèvement de l'Arc de triomphe de l'Étoile, il confia à notre sculpteur la sixième partie de ce grand ouvrage.

Ce travail est l'œuvre capitale de Joseph Brun ; Ce magnifique bas-relief représente la grande scène de la premièrc fédération au moment de la distribution des drapeaux faite, par les représentants du peuple, devant l'autel de la patrie. Les statues, au nombre de quarante, ont deux mètres de hauteur.

Le Roi, après avoir visité lui-même les travaux, envoya à l'auteur, pour lui servir de modèle, son uniforme de 1792. Les princes se rendirent plus d'une fois à l'atelier du sculpteur, où M. Thiers aurait volontiers établi son cabinet.

Joseph Brun, dans ce nid d'hirondelle, passa trois années de sa vie. Là, à 90 pieds du sol, il reçut la visite de la veuve* de l'une des célébrités de la révolution, de madame Hoche. Toujours préoccupée de la gloire de l'illustre général, cette dame n'hésita pas à gravir, accompagnée de madame Desroys, sa fille, l'escalier à jour qui conduisait à l'atelier, afin de communiquer à l'artiste le portrait de son mari.

Vous dirai-je son bonheur en constatant l'exactitude scrupuleuse avec laquelle le sculpteur a reproduit la physionomie du brave guerrier, l'empressement de ses félicitations, la vivacité de sa reconnaissance envers celui qui, de son propre mouvement, avait placé le général au nombre des personnages de cette belle page de l'histoire de la révolution; non, je n'ajouterai rien à ce simple récit, le culte de madame Hoche pour la mémoire de son mari est assez connu, il fera proverbe un jour.

Cependant, dans le choix des personnages qui devaient composer le groupe de son bas-relief, Joseph Brun ne fut pas guidé seulement par les inspirations patriotiques du volontaire de 1815; un sentiment plus doux, mais non moins honorable, celui de la reconnaissance, lui suggéra la pensée de placer, à côté de Rouget-de-l'Isle, que la *Marseillaise* a rendu célèbre, le compositeur de musique Gossec, auquel la France doit, entr'autres hymnes à la liberté, le chant patriotique: *Veillons au salut de l'empire*, et la marche funèbre de Mirabeau.

Cet excellent homme avait donné à notre sculpteur, au moment où il venait de conquérir son second *prix*, des preuves de la plus vive sympathie. « Mon cher » Brun, lui avait dit le musicien, je connais votre si- » tuation, votre ardeur pour le travail m'enchante ; » en qualité de votre frère en Apollon j'ai disposé de » vous, je vous assigne une pension bourgeoise afin » que vous puissiez vous livrer à l'étude, pendant six » mois au moins, sans préoccupation. » Il fallut accepter. L'artiste reconnaissant a payé sa dette en exécutant gratuitement le buste du *maestro*, qui eut beaucoup de succès, en donnant au compositeur une place sur l'Arc de triomphe de l'Etoile, et enfin en dirigeant sans rétribution les travaux du monument funèbre qui lui a été élevé.

Le prince avait exprimé sa satisfaction ; M. Thiers gratifia l'auteur du bas-relief d'une prime de 2,000 francs et d'un bloc de marbre. Ce ministre était alors le *deus hæc otia fecit* des artistes ; il représentait magnifiquement un roi ami des arts.

Son grand ouvrage achevé, sans avoir négligé cependant les commandes du commerce, Joseph Brun éprouva le besoin de prendre quelque repos. Une exposition des produits des beaux-arts devait avoir lieu à Londres, il y envoya une statue en marbre déjà exposée au salon. Cet envoi lui attira une invitation pressante du président de l'académie de se rendre à Londres ; le célèbre sculpteur Chantrey, que la mort a ravi trop tôt à son pays et à ses grands travaux, lui fit les honneurs de la cité. « Nous avons été si frappés, » lui dit-il, de la pureté des formes et de l'expression » si naturelle et si vraie de la figure de votre jeune » homme, que nous crûmes le voir sortir seul et sans » aide de la caisse dans laquelle il s'était endor- » mi. »

Cette figure fut achetée, après l'exposition, [illegible] le secrétaire de l'académie, [illegible] ne voulut point consentir à recevoir le remboursement des frais de transport et de douanes.

Après un séjour de dix-huit jours à Londres, Joseph Brun revint à Paris où l'attendaient plusieurs commandes, entr'autres, la statue du fameux architecte Pierre Lescot, commandée par M. le préfet de la Seine, elle est placée sur la façade principale de l'hôtel-de-ville ; deux bustes pour l'intendant de la maison du roi, sur la demande de M. de Cailleux, directeur du musée; enfin, pour plusieurs fabricants, un certain nombre de modèles de pendules, dont l'une, représentant le Temps et l'Histoire, est au cabinet de M. le ministre des travaux publics.

Il fut chargé encore, sur la vive recommandation de M. Thil dont l'active obligeance ne s'est jamais lassée, et sur l'intervention de l'écrivain élégant et correct (1), qui a fait, sous le titre des Aventures de la fille d'un roi, un roman si spirituel des vicissitudes de la charte de 1814, de l'exécution, en bois de chêne, de six anges pour le buffet d'orgue de l'abbaye royale de Saint-Denis.

Ici commence une série de travaux qui durèrent sept ans, dont voici la nomenclature abrégée et rapide:

Restauration des statues en marbre de Catherine de Médicis, de Henri II, des rois, reines et princes de la maison de Valois; deux figures au tombeau de Saint Denis, un grand nombre de statues en pierre, de bas-reliefs, des ogives neuves ou restaurées, des

(1) M. Vatout.

statues dans les archivoltes, des saints sur le couronnement des ogives, des pertes, des petites nefs, le portail principal, la réhabilitation de toutes les têtes de figures, de groupes de diables, têtes des rois-mages, le grand bas-relief de Saint-Denis et de ses deux compagnons allant à la mort, huit grandes statues de rois; huit petits bas-reliefs en pierre représentant la vie de la Vierge, ils sont placés devant l'autel de cette chapelle ; l'achèvement d'une statue de la fille de Saint Louis, commencée par un autre sculpteur; huit modèles d'anges pour le sculpteur d'ornementation, dix-sept chevaliers à l'extérieur, des anges, un christ, une vierge, toutes les restaurations de l'ogive sur la porte principale, les douze apôtres et le christ, etc., etc.; enfin, le tombeau de Dagobert, la statue de ce roi, celle du fils de Saint Louis, la tête de Nautilde, toutes les têtes de diables, d'anges, de rois, d'évêques et les ornementations, le monument de Nautilde à droite, en entrant dans l'église, et tous les modèles de la grande porte d'entrée d'après la composition de M. Debret, architecte de ce monument.

. . . .

Une nouvelle entreprise d'une importance non moins grande pour les arts fut confiée au restaurateur de Saint-Denis; il s'agissait de relever des sculptures, de rattacher à quelques débris, de ressaisir au milieu des ruines la pensée qui a présidé à la construction du palais de justice de Rouen. Il eut alors à faire marcher concurremment et ces travaux et ceux de Saint-Denis en cours d'exécution; à Rouen il faisait les modèles de ses statues, elles étaient exécutées à Paris. A la même époque les bons offices de M. Grégoire, architecte du palais de justice, firent ajouter aux travaux de ce monument la réparation sculpturale de la grande tour et du portail méridional de Saint-Ouen. On avait imposé au sculpteur la condition de fournir une statue de sa main, et de surveiller les ornementistes ; enfin, l'administration municipale de Rouen, à la tête de laquelle était déjà placé M. Barbet, le chargea de la sculpture des nouvelles constructions de Saint-Maclou, sous la direction de M. Pinchon, architecte. Pendant l'exécution de ces travaux, notre sculpteur fut chargé, par le ministre de l'intérieur, de deux missions artistiques.

La première le conduisit à Saint-Mihiel, département de la Meuse; elle avait pour objet de restaurer un sépulcre, véritable chef-d'œuvre du genre, ouvrage de Léger-Richier, élève de Michel Ange. Ce voyage en Lorraine le mit en rapport avec

M. Etienne, député de la Meuse, qui avait sollicité cette restauration.

La seconde mission le ramena en Lorraine, à Haton-Châtel, pour restaurer un autre monument de Richier, représentant, en petites dimensions, le Christ dans les trois grandes phases de la passion, portant sa croix, recevant un coup de lance et descendant de sa croix.

Toutes les pyramides de la grande tour et les couronnements des contre-forts de Saint-Maclou étaient achevés, les travaux de l'abbaye royale de Saint-Denis et ceux du palais de justice avançaient aussi rapidement que possible, lorsque Joseph Brun fut appelé à Paris pour exécuter la statue de Kellermann, en plâtre. Cette statue était destinée à la cérémonie à laquelle donna lieu le transport des restes de l'empereur à l'hôtel des Invalides ; à cette époque encore, M. le Préfet de la Seine lui confia l'exécution des trente-quatre statues qui figurent sur les portails de Saint-Merry et de Saint-Nicolas-des-Champs.

Nous sommes parvenus à la période la plus florissante de la vie artistique de notre sculpteur. La fortune comble ses vœux en fournissant à son activité infatigable une masse de travaux dont le poids aurait fatigué un homme d'une santé moins robuste.

A Rouen, le palais de justice, la porte méridionale de Saint-Ouen, Saint-Maclou, des clochetons de la cathédrale; à Paris ou dans la banlieue, Saint-Denis, trente-quatre statues pour les portails de Saint-Merry, Saint-Nicolas-des-Champs, un christ en bois de deux mètres de hauteur, commandé par M. le ministre de l'intérieur, sur la proposition de M. Cavé, directeur des beaux-arts, pour l'une des chapelles de l'église Saint-Sulpice; puis, sur la demande de M. Colin. curé, pour la même église, un grand bas-relief en bois de chêne, représentant quatre anges recevant le sang précieux du Rédempteur du monde dans un calice posé sur l'hémisphère qui couronne le tabernacle; puis encore, sous la direction de M. Debret, architecte, la sculpture de la porte principale du Conservatoire royal de musique, et les quatre grandes figures symboliques qui en décorent l'entrée, la tragédie lyrique, la comédie lyrique, le génie de la musique et celui de la mélodie.

Il crée, il met en œuvre, il dirige, il surveille; il

achève, il exécute lui-même celles de ces compositions qui doivent être empreintes du cachet de l'auteur, qui seront ses titres de gloire, attesteront dans la postérité le beau talent de l'artiste.

Ce fut pendant la plus mauvaise saison qu'il exécuta, à l'aide de deux ouvriers sculpteurs, les travaux du clocheton de la cathédrale. Neuf statues pour cette tour, deux à Saint-Maclou et trois autres pour un autre monument, sont terminées en trois mois.

Tous ces travaux, dont nous ne donnons que l'état, laissent encore à notre infatigable sculpteur le temps de suivre à Fécamp l'exécution du porche élevé du côté méridional de l'église. Là son imagination ardente sera vivement impressionnée par une cérémonie religieuse à laquelle il prendra une part active comme artiste.

La procession de la Fête-Dieu animée par la présence des marins, le reposoir élégant élevé à la porte de M. Leclerc, maire de la ville, portant au frontispice cette légende entre deux rangées de verdure et d'immortelles : *Que Dieu protège les marins de Fécamp*, resteront dans la mémoire de notre sculpteur comme dans le souvenir des marins du port.

Jamais vie d'artiste ne fut plus occupée ; la liste des travaux de Joseph Brun justifierait complètement l'épithète d'infatigable que je lui ai si souvent donnée dans le cours de ce récit. Plus de cinquante portraits et bustes, trois cents statues, des bas-reliefs, des médailles sur pierres fines dont l'auteur lui-même ne sait pas le nombre, enfin, plus de deux cents modèles de pendules, un grand sarcophage ; et pour ne citer que ses monuments funèbres qu'il a faits ou dirigés sans aucune rétribution, le tombeau du compositeur Gossec, celui de son père, ceux de Savart, de son ancien camarade à Rome Dupré, enfin la tombe de l'écrivain le plus élégant, le plus spirituel de notre époque, et de l'auteur de *Joconde* et des *Lettres sur Paris;* tant et de si grands travaux auraient suffi pour occuper cinquante ans d'existence.

En terminant ce précis qui reproduit trop succinctement, peut-être, les faits principaux de la vie si tourmentée et si remplie d'un homme dont les ouvrages concourront à la gloire de notre époque, je ne me dissimule pas que je suis resté bien au-dessous de mon sujet ; je sais que mon récit est, sur plusieurs points, incomplet ou insuffisant ; que j'ai négligé trop souvent, et parfois passé sous silence des détails intéressants et de nature à piquer vivement la curiosité: cependant je dois faire remarquer que, dans telle circonstance que je pourrais indiquer, mon silence a pu être commandé par une prudente réserve. Ainsi, c'est avec intention que je n'ai rien dit des attaques violentes dirigées contre les restaurations de Saint-Denis. Quel est l'homme d'une certaine valeur, quel est le poète, l'écrivain, le peintre, le sculpteur, l'homme d'état, le héros même qui n'a pas eu ses critiques?

En matière d'art comme en matière religieuse, on rencontre des fanatiques dont toute l'admiration se concentre sur des reliques: pour eux, le beau c'est l'œuvre de la veille, jamais celle du jour. C'est un peu l'histoire de tous les hommes.

> Regrettant le passé, se plaignant du présent (1),
> Tel est l'homme, toujours ingrat et mécontent.

De cette épreuve encore Joseph Brun sortit victorieux; la nature ne l'avait pas fait avocat, il plaida sa cause en artiste et la gagna par un argument in-

(1) *OEnomanie*, poëme de l'auteur.

génieux, spirituel, irrésistible, un trait de satire ou de comédie. Il fit mouler les sculptures anciennes et nouvelles, et déposa le tout en pleine académie, en portant ce défi à la critique :

Devine si tu peux, et choisis si tu l'oses !

Il eut pour lui les rieurs et l'académie, car le choix était impossible à faire.

Ceci n'était pas de la haine, le cœur de notre artiste est inaccessible à la jalousie et à la vengeance, il n'est ouvert qu'aux sentiments nobles et généreux; vous avez pu juger quelle place y tenaient la religion de famille, l'esprit de confraternité et le culte de la reconnaissance.

Que de fois je l'ai entendu répéter, avec cette effusion de cœur qui est le meilleur éloge, les noms des hommes qui l'ont soutenu de leurs conseils, qui ont protégé son entrée dans la brillante carrière qu'il parcourt, qui lui ont enfin rendu quelques services, souvent de peu d'importance.

A côté du baron Lemot, du statuaire Dupaty, il aime à placer M. de Cailleux, directeur du Musée;

l'ancien architecte de l'Arc de triomphe de l'Etoile, M. Huyot; MM. les architectes Debret et Pinchon, appréciateurs toujours si bienveillants; deux ministres dont il éprouva la bienveillance, M. Thiers et M. Dumont; les plus actifs et les plus dévoués de ses protecteurs, MM. Thil, Vatout et Etienne, députés; le spirituel auteur des Soirées de Neuilly, M. Cavé, directeur des beaux-arts; enfin, le haut fonctionnaire dont l'administration sera marquée par de grands travaux, qui conserveront à la capitale de la Normandie le rang qu'elle a occupé de tout temps parmi les grandes cités de la France, M. le baron Dupont-Desporte, préfet de la Seine-Inférieure.

Le nom de Joseph-Silvestre Brun est écrit en caractères qu'une longue suite de siècles parviendra difficilement à effacer à l'intérieur et au fronton de la magnifique basilique de Saint-Denis, à l'Arc de triomphe de l'Etoile, monument impérissable des grands faits de la révolution; au Palais de justice de Rouen, trésor d'architecture gothique long-temps perdu et oublié, auquel il a rendu ses formes et ses ornements gracieux et élégants.

L'heure de la retraite n'est pas encore sonnée pour

notre habile sculpteur, sa constitution robuste a résisté aux plus dures fatigues sans en être ébranlée, il est parvenu au sommet de la montagne de la vie sans avoir rien perdu de ses forces et de son énergie ; là, il s'est arrêté un moment pour prendre quelque repos et méditer dans le silence de l'étude.

Il vient de terminer un bas-relief en pierre de Tonnerre, représentant le Christ en croix et la Vierge évanouie dans les bras de Sainte-Marie ; il achève en ce moment d'extraire, du bloc de marbre qui lui fut donné par M. Thiers, un groupe représentant le fils de Clovis trouvé mort par un pêcheur sur les bords de la Marne.

Espérons qu'avant de descendre le versant de la montagne il mettra la dernière main à quelques nouveaux ouvrages, qui porteront le cachet de son talent et lui donneront droit à une bonne part de cette gloire que la postérité distribue aux plus dignes (1).

(1) *Suum cuique decus posteritas rependit.*

Tacite, chap. 35 du 4e livre.

Il me reste à expliquer en quelle circonstance j'ai fait la connaissance de M. Brun et comment je suis devenu son historiographe, quelques lignes suffiront.

Vous avez déjà deviné sans doute que le hasard me plaça sur son passage; en effet, à une époque qui n'est pas éloignée, je lui aî servi de cicerone, je fus son guide lorsqu'il explora les monuments de la petite ville que j'habitais : je l'ai entraîné chez moi, et fier de posséder, dans mon modeste logement, un grand prix de Rome, l'homme dont la main habile avait attaché quelques ornements précieux à plusieurs de nos grands monuments, j'ai décerné à cet homme les modestes honneurs qui étaient en mon pouvoir, en le faisant asseoir entre ma femme et mon fils, et, lorsque nous nous séparâmes, quand sa main quitta la mienne, nous étions amis.

Depuis l'artiste voulut prouver sa gratitude de ce bon accueil ; il comprit sans peine ce qui devait flatter le plus et mes yeux et mon cœur, il devina l'objet que, dans mon exaltation sentimentale, je place au premier rang des œuvres de la nature; il voulut en perpétuer le souvenir, et fit, non pas seulement un portrait d'une ressemblance irréprochable, mais, de ce buste de femme, une œuvre d'art d'une perfection inimitable.

A mon tour je suis devenu l'obligé et j'ai rédigé cette notice, non que je ne me sois persuadé m'acquitter par-là envers l'auteur, mais parce qu'il m'a paru que c'était le seul moyen de lui prouver ma reconnaissance.

Voilà, me suis-je dit, un artiste qui a exécuté de grands ouvrages; mais il est trop simple de cœur, de goûts et de mœurs en ce temps de camaraderie, pour avoir droit aux fanfares des gentilshommes de la littérature : essayons d'écrire sa biographie; quelque faible que soit le mérite de l'écrivain, les faits intéresseront, ils seront d'ailleurs acquis à l'histoire.

Et j'ai publié ces notes; quel que soit leur sort, j'aurai atteint le but principal que je me suis proposé, si elles doivent être un jour consultées par les écrivains qui relèvent l'histoire des hommes dont les travaux honorent le pays.

FIN

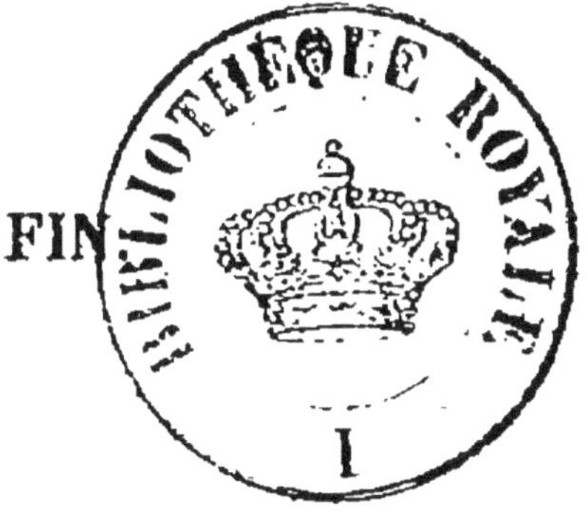

www.ingramcontent.com/pod-product-compliance
Lightning Source LLC
LaVergne TN
LVHW010045230826
846091LV00005B/1883